HISTOIRE ABRÉGÉE

DE LA

DÉVOTION A MARIE ENFANT

Plusieurs religieuses, appartenant jadis à diverses Congrégations supprimées par Napoléon Ier, s'étaient réunies en communauté et établies à Milan, à *Porta Nuova, Via dell'Annunciata*, dans le monastère du même nom, sur les ruines duquel s'élève aujourd'hui le palais d'Adda.

Ces religieuses possédaient une statue en cire de la Très Sainte Vierge Marie enfant, dite *Maria Bambina* ; mais, malgré les recherches les plus soigneuses, on n'a pu encore apprendre d'une manière certaine comment elle tomba entre leurs mains. On sait seulement, par tradition, qu'une de ces religieuses, de grande vertu et malade depuis longtemps, la trouva un jour sur son lit, sans qu'il lui fût donné, ni alors, ni dans la suite, de pouvoir connaître la pieuse main qui l'y avait déposée.

Ce qui est certain, c'est que les religieuses de l'Annunciata avaient pour cette sainte statuette une très grande vénération, comme l'attestent plusieurs personnes encore vivantes et dignes de foi, qui se souviennent parfaitement l'avoir visitée dans la petite chapelle du couvent, où on la gardait avec beaucoup de soin et d'honneur, et avoir entendu plusieurs fois de la bouche de ces mêmes religieuses le récit de grâces et de prodiges attribués à la sainte Enfant.

Quelques années plus tard, la communauté se trouvant obligée de se dissoudre, faute de sujets, la précieuse statue fut confiée au vénérable curé de Saint-Marc, Don Louis Bosisio, à la condition de la remettre à quelque monastère de religieuses chez lesquelles, comme par le passé,

MANUEL DE MARIE
S. DU V. INCARNÉ

AVE MARIA

LA

SANTISSIMA BAMBINÀ

NOTICE ET PRIÈRES

Un ex. : 0.15 ; 12 ex. : 1.50

EN VENTE :

...ecteur de « La Voix du
... Jésus de Prague », à
...-en-Genevois (Hte-Savoie.)

AVIS IMPORTANT

La Voix du Saint Enfant Jésus miraculeux de Prague et de Notre-Dame du Bon-Conseil paraît chaque mois, en fascicule in-8° de 16 pages. Abonnement : France : 2 fr. 50 par an ; Etranger : 3 fr.

Cette Revue mensuelle a pour but de propager la dévotion au Saint Enfant Jésus miraculeux de Prague et celle à Notre-Dame du Bon-Conseil. Elle contient, chaque mois, un article sur la dévotion, quelques pages de spiritualité, le récit des merveilles accordées par le divin petit Roi et Notre-Dame à ceux qui les invoquent, le récit des cérémonies et installations concernant la statue miraculeuse, des variétés, histoires, etc., etc.

S'adresser à M. le Directeur de *La Voix du Saint Enfant Jesus de Prague*, provisoirement pour la France, depuis les expulsions, à Saint-Julien-en-Genevois (Haute-Savoie).

le dépôt sacré pût recevoir dans l'avenir le culte dont il était digne.

Mais le respectable ecclésiastique, estimant trop chèrement cet aimable objet, n'eut pas le courage de s'en dessaisir jusqu'au moment où il se sentit proche de sa fin. Alors, se ressouvenant de sa promesse, il constitua héritières de la chère statuette les Sœurs de la Charité fondées à Lovere par la vénérable Bartolomea Capitanio, chargées à Milan du soin des malades de l'hôpital Ciceri.

On ne saurait exprimer avec quelle reconnaissance et quelle allégresse ces bonnes Sœurs reçurent ce saint dépôt et avec quel soin elles s'empressèrent de l'entourer de leurs pieux hommages. Elles le placèrent dans leur chapelle, et là, chaque année, pendant la neuvaine de la fête de la Nativité de la Sainte Vierge, cette sainte statue était exposée solennellement à la vénération publique et honorée avec une dévotion spéciale par la communauté.

Or, une nuit, des voleurs pénétrèrent, on ne sait comment, dans la chapelle pour y commettre quelque larcin. Attirés sans doute par l'éclat des ornementations qui brillaient sur la sainte Enfant, ils la dépouillèrent de ses langes brodés d'or et des joyaux précieux dont elle était ornée, sans néanmoins la briser ni l'endommager en aucune manière, chose prodigieuse assurément si l'on considère la fragilité de la cire dont elle est formée et la célérité avec laquelle ils durent accomplir leur vol sacrilège.

Au mois d'avril 1876, ayant fondé un nouvel établissement érigé comme maison-mère à Milan, les Sœurs y transportèrent la sainte Enfant, qui, jusqu'à la fin de l'année 1878, continua à être exposée dans leur église pour la fête de la Nativité de la Sainte Vierge. Mais vers ce temps-là, on ne sait comment ni pour quelle cause le visage, auparavant si beau de la céleste Petite, devint peu à peu décoloré et tout jaune, en sorte que, perdant ses charmes, la sainte statue ne put plus désormais être exposée dans l'église. On la mettait seulement sur l'autel du noviciat pour la fête du 8 septembre et toute l'octave ; au reste de l'année, elle restait enfermée dans sa petite caisse et y demeurait dans un complet oubli.

Enfin arriva le mois de septembre de l'année 1884, époque mémorable où commence l'histoire des merveilles et des gloires de la sainte Enfant. Ce fut, en effet, le neuvième jour de ce mois qu'eut lieu la guérison miraculeuse d'une novice, telle qu'on la trouve écrite dans le petit livre du *Mois* consacré à Marie Enfant au 10ᵉ jour.

A dater de ce moment jusqu'au mois de janvier 1885, le culte de la Très Sainte Vierge Marie Enfant se rétablit et s'accrut merveilleusement dans la Maison-Mère des Sœurs de la Charité ; mais de dévotion pour ainsi dire privée et locale, il devait devenir culte public et populaire.

C'est ce qui eut lieu cette même année à l'occasion de deux guérisons miraculeuses obtenues dans le même mois de janvier. Le bruit de ces guérisons excita l'enthousiasme et propagea rapidement la dévotion à Marie Enfant, dévotion qui a été et est encore aujourd'hui récompensée par une profusion de grâces.

Dès que cette dévotion eut été remise en vigueur, le visage de la sainte Enfant recouvra, sans aucun secours humain, sa première beauté, et, loin de diminuer, cette beauté toute céleste semble s'accroître tous les jours aux yeux de ceux qui la contemplent pieusement.

NEUVAINE A MARIE ENFANT

1. — Sainte Enfant, qui par votre naissance immaculée avez été sur la terre le plus splendide reflet du ciel et le spectacle le plus agréable à la Très sainte Trinité, le cœur rempli de vénération et d'amour, nous nous prosternons devant votre douce image et nous nous réjouis-

sons avec vous de votre grandeur. Oh! soyez éternellement bénie, sublime Enfant, pleine de grâce. *Ave gratia plena.* Remplis de confiance dans la toute-puissance de votre intercession, nous vous prions de nous obtenir toutes les grâces dont nous sentons si vivement le besoin (et en particulier celle pour laquelle nous faisons cette neuvaine); mais surtout nous vous demandons la grâce de nous sanctifier en imitant vos vertus, et de plaire à la très sainte Trinité. *O Marie, conçue sans péché, priez pour nous. — Ave Maria.*

2. — Sainte Enfant, qui au premier instant de votre existence avez offert à Dieu l'hommage d'un cœur tout brûlant d'amour pour lui, nous vous vénérons de toute notre âme dans cette sainte image et nous admirons l'œuvre ineffable de vos miséricordes par lesquelles vous gagnez nos cœurs et les réchauffez du divin amour. Oh! soyez éternellement bénie, très sainte Enfant, pleine de grâce. *Ave gratia plena.* Par l'immense charité de votre cœur, daignez nous aider

à correspondre à vos faveurs, en croissant toujours davantage dans l'amour de Dieu. *Marie, Mère du bel amour, exaucez-nous. — Ave Maria.*

3. — Sainte Enfant, qui dès le premier moment de votre vie avez désiré avec toute l'ardeur de votre cœur immaculé de coopérer avec Jésus à la sanctification et au salut de nos âmes, nous vous vénérons de tout notre cœur dans cette précieuse image et nous remercions Dieu d'avoir bien voulu s'en servir pour raviver par tant de prodiges notre dévotion à votre sainte Enfance, aujourd'hui que le Souverain Pontife invite tout l'univers catholique à s'adresser à vous avec une spéciale confiance dans les terribles épreuves qui affligent l'Église. Oh ! soyez éternellement bénie, Enfant tout aimable, pleine de grâce, *Ave gratia plena,* et faites que nos âmes aient toujours une confiance illimitée en vous, qui êtes la Mère de Dieu et notre Mère et le canal de toute grâce. *Marie, Mère des divines grâces, exaucez-nous. — Ave Maria.*

4. — Sainte Enfant, dont la naissance consola le monde, qui salua en vous l'aurore de la Rédemption, sa corédemptrice et son avocate, nous vous vénérons de tout notre cœur dans cette chère image et nous vous remercions d'avoir bien voulu par elle nous consoler dans nos peines en nous donnant des preuves si visibles de votre maternelle bonté. Oh ! soyez éternellement bénie, très douce Enfant, pleine de grâce. *Ave gratia plena.* Daignez ôter de notre cœur tout ce qui peut mettre obstacle à vos maternelles opérations et les orner de ce qui vous est agréable et peut attirer sur nous vos doux regards et vos bénédictions. *Marie, cause de notre joie, exaucez-nous. — Ave Maria.*

5. — Sainte Enfant, qui par votre humilité avez été dès votre entrée dans le monde la terreur de l'enfer, nous vous vénérons de tout notre cœur dans cette humble image et nous vous remercions d'avoir bien voulu nous apprendre par elle comment le Seigneur choisit toujours les

moyens les plus humbles pour accomplir les prodiges de sa miséricorde. Oh ! soyez éternellement bénie, très humble Enfant pleine de grâce. *Ave gratia plena.* Par les mérites de votre humilité, qui est la principale disposition à la grâce, reposez sur nous vos regards pour voir tous nos besoins, remédier à tous nos maux, exaucer nos vœux et consoler avec nous l'Épouse de votre divin Fils, la sainte Église, avec laquelle nous vous invoquons en gémissant. *Marie, secours des chrétiens, exaucez-nous. Ainsi soit-il. Ave Maria.*

N. B. — Les cinq premiers jours étant terminés, on doit recommencer.

PRIERE A MARIE ENFANT

Douce petite Marie, vous qui, ayant été choisie pour être la Mère de Dieu, vous montrez aussi notre auguste Souveraine et notre très aimante Mère, en accomplissant parmi nous tant de prodiges de grâces, daignez écouter avec compassion nos humbles prières. Dans les besoins qui nous pressent, et surtout dans l'affliction où nous nous trouvons en ce moment, toute notre espérance repose en vous. O sainte Enfant, en considération des privilèges qui ne furent accordés qu'à vous seule et en vertu de vos mérites, faites-nous ressentir encore l'effet de vos miséricordes. Montrez que la source des trésors spirituels et des bienfaits incessants que vous dispensez est intarissable, votre puissance sur le Cœur paternel de Dieu étant sans bornes. Ah ! par cette immense profusion de grâces que le Très-Haut déversa sur vous dès le premier instant de votre conception immaculée, exaucez notre supplication, ô céleste Petite, et nous louerons éternellement la bonté de votre cœur.

100 jours d'indulgence à quiconque récitera dévotement cette prière.

† DOMINIQUE, Card. AGOSTINI.

Venise, 28 février 1885.

TRIDUUM A MARIE ENFANT

1. — Très sainte Enfant Marie, de toute éternité l'objet des complaisances de la très sainte Trinité, en considération des privilèges singuliers dont vous fûtes enrichie, daignez abaisser vos regards maternels sur moi, qui suis si pauvre de vertus, et obtenez-moi de la miséricorde de Dieu la grâce que j'implore à vos pieds. *Ave Maria.*

2. — Très sainte Enfant, devant laquelle les Anges se prosternent ravis d'étonnement et d'admiration, répétant dans un transport d'amour: « Régnez, régnez éternellement sur nous, vous et votre divin Fils », en considération des témoignages de soumission et des hommages dont ces Esprits bienheureux entourèrent votre berceau, reconnaissant en vous leur future Souveraine, daignez m'obtenir du Très-Haut la grâce que je désire avec tant d'ardeur. *Ave Maria.*

3. — Très sainte Enfant Marie, la

gloire et la joie de vos saints parents Joachim et Anne, par la libéralité avec laquelle vous avez récompensé le soin qu'ils prirent de votre enfance immaculée, écoutez avec bienveillance mes supplications et, par l'amour que vous leur portez, obtenez-moi du Dieu tout-puissant la grâce que j'implore. *Ave Maria.*

Céleste Enfant, qui avez daigné manifester par tant de prodiges votre désir de voir honorer votre enfance, pendant laquelle vous étiez déjà si grande aux yeux de Dieu, en considération du privilège de votre conception immaculée, ô vous qui êtes bénie entre toutes les filles d'Ève, jetez sur moi vos regards si bons et si doux, et, continuant envers moi votre office de médiatrice et d'avocate, daignez exaucer mes vœux. Ah ! ne me laissez pas m'éloigner de votre berceau vénéré sans avoir exaucé ma prière, mais faites que j'en emporte les grâces et les consolations que je demande. A moi et à tous, obtenez, ô Marie, le véritable esprit de la dévotion à votre enfance et l'inestimable don de la sainte persévérance. Ainsi soit-il. *Ave Maria.*

LITANIES DE MARIE ENFANT

Seigneur, ayez pitié de nous.
Jésus-Christ, ayez pitié de nous.
Seigneur, ayez pitié de nous.
Jésus-Christ, écoutez-nous.
Jésus-Christ, exaucez-nous.
Dieu du ciel notre Père, ayez pitié de nous.
Dieu le Fils Sauveur du monde, ayez pitié de nous.
Dieu le Saint-Esprit, ayez pitié de nous.
Trinité sainte qui êtes un seul Dieu, ayez pitié de nous.
Sainte Enfant, fille bien-aimée du Père, priez pour nous.
Sainte Enfant, dont la naissance fut désirée par Dieu le Fils, priez pour nous.

Sainte Enfant, Épouse du Saint-
Esprit,
Sainte Enfant, temple de l'adora-
ble Trinité,
Sainte Enfant, immaculée dans
votre conception,
Sainte Enfant, amour du soleil de
justice,
Sainte Enfant, radieux arc-en-
ciel,
Sainte Enfant, douce colombe,
Sainte Enfant, dont la naissance
a réjoui le ciel et la terre,
Sainte Enfant, les délices de
l'adorable Trinité,
Sainte Enfant, la joie des Anges,
Sainte Enfant, dont les Anges
autour de votre berceau for-
ment par milliers la garde
d'honneur,
Sainte Enfant, dormant dans le
berceau,
Sainte Enfant, mère du pur
amour,
Sainte Enfant, notre mère,
Sainte Enfant, notre sœur,
Sainte Enfant, notre maîtresse,
Sainte Enfant, notre reine,

Sainte Enfant, notre espérance,

Sainte Enfant, notre refuge,

Sainte Enfant, les délices de nos cœurs,

Sainte Enfant, notre joie dans les tristes jours de notre exil,

Sainte Enfant, modèle d'obéissance,

Sainte Enfant, abîme d'humilité,

Sainte Enfant, lis radieux de blancheur,

Sainte Enfant, parfum d'innocence,

Sainte Enfant, rose à demi éclose,

Par votre sainte Enfance, délivrez-nous, Marie.

Que vos petits bras, Marie, s'ouvrent pour nous recevoir.

Que vos petites mains, Marie, s'étendent sur nous.

De vos petits pieds, venez à nous, Marie.

De vos yeux si doux, regardez-nous, Marie.

De votre divine bouche, donnez-nous un baiser, Marie.

De vos petites lèvres, ô Marie, dites-nous : Je t'aime.

De votre langue pure, sainte Enfant,
prononcez doucement mon nom.
De votre voix qui charme le cœur
de Dieu, sainte Enfant, notre Mère,
apprenez-nous à prier.
De vos chastes oreilles, ô divine
petite Marie, écoutez nos gémisse-
ments et nos louanges.
De votre très doux Cœur, ô aimable
petite Marie, prenez nos pauvres
cœurs et cachez-les dans le vôtre.

ORAISON

Douce Enfant, ô Marie, laissez-
nous vous aimer, vous caresser;
laissez-nous vous prendre entre nos
bras; vous faire reposer doucement
sur notre cœur : les petits enfants
n'ont point de force : ô heureuse fai-
blesse, qui nous permet de prendre
entre nos mains notre douce et bien-
aimée petite Mère Marie, afin de
l'embrasser avec un profond respect
et un tendre amour! Rose vermeille
et pleine de fraîcheur du jardin du
Roi des rois, laissez-moi respirer le
parfum de votre pureté immaculée;

lis toujours pur, transplanté du ciel sur notre pauvre terre, violette d'humilité dont le doux et enivrant parfum attirait en vous le Verbe divin, ô bien-aimée petite Marie, cachez-nous dans votre berceau, faites-moi si petit qu'il n'y ait plus que Jésus et vous qui me voyiez. Donnez-moi la simplicité de l'enfance, revêtez-moi de pureté et d'humilité. Donnez-moi l'amour du bien-aimé Jésus, afin que je sois digne de ce beau ciel dont vous êtes la Reine. *Amen.*

N. B. — Ces litanies sont tirées du *Manuel des élèves des Dominicaines*, Etrépagny (Eure). Le manuel est revêtu de l'approbation de Mgr Sueur, évêque d'Évreux, et du R^{me} Maître Général des Dominicains.

———

IMPRIMATUR :

Sagii, die XIII Octobris 1903.

F.-J. GIRARD, v. g.

PRIÈRE AU BERCEAU DE MARIE ENFANT

Glorieuse fille du ciel, aurore du soleil de justice, nous venons à vos pieds le cœur plein d'une joie sainte, en union avec les Esprits bienheureux qui entourent votre berceau, vous offrir l'hommage de notre vénération et de notre amour. Nous vous prions, Marie Enfant, de nous bénir et de nous protéger maintenant et toujours. Accordez-nous les grâces que nous sollicitons de votre cœur immaculé. Soyez notre avocate auprès de Dieu le Père, dont vous êtes la Fille, du Fils, dont vous êtes la Mère, et du Saint-Esprit, dont vous êtes l'Epouse, ô Marie Enfant, et que votre simplicité et votre pureté soient notre partage.

Daignez nous rendre, près de votre berceau, l'innocence que le saint baptême nous avait fait recouvrer.

Donnez-nous aussi une abondante participation aux fruits et aux grâces qui sont attachés à votre glorieuse naissance. Ainsi soit-il.

Nous approuvons la prière ci-dessus et accordons quarante jours d'indulgence aux fidèles qui la réciteront avec piété.

† JULES, *Evêque de Laval.*

Laval, le 22 mai 1891.

OBJETS DE PIÉTÉ

Belles Médailles de Notre-Dame du Bon-Conseil, en cuivre jaune, la douz. : 2 fr. 50 et 0 fr. 50, suivant grandeur.

Images : N° 1. Dentelées, la douz. : 1 fr. 50. — N° 2. Sans dentelles, la douz. : 1 fr. — N° 3. Ordinaires, le cent : 2 fr. 50.

Prières des affligés a Notre-Dame du Bon-Conseil, le cent : 2 fr.

Notice sur l'Image miraculeuse de la Santissina Bambina, la douz. : 1 fr. 50; l'unité : 0 fr. 15.

Image de la Santissina Bambina, le cent : 4 fr.